孫子兵法 - 三十六計

孫武　佚名

The Art of War and The 36 Stratagems

Sun Tzu and Anonymous

The Art of War and The 36 Stratagems

First Published in Great Britain in 2015 by Jiahu Books – part of Richardson-Prachai Solutions Ltd, 34 Egerton Gate, Milton Keynes, MK5 7HH
ISBN: 978-1-78435-141-0

A CIP catalogue record for this book is available from the British Library
Visit us at: jiahubooks.co.uk

孫子兵法

三十六計

始計第一

孫子曰：兵者，國之大事，死生之地，存亡之道，不可不察也。

故經之以五事，校之以七計，而索其情：一曰道，二曰天，三曰地，四曰將，五曰法。

道者，令民與上同意，可與之死，可與之生，而不畏危也。天者，陰陽、寒暑、時制也。地者，高下、遠近、險易、廣狹、死生也。將者，智、信、仁、勇、嚴也。法者，曲制、官道、主用也。凡此五者，將莫不聞，知之者勝，不知者不勝。故校之以計，而索其情，曰：主孰有道？將孰有能？天地孰得？法令孰行？兵眾孰強？士卒孰練？賞罰孰明？吾以此知勝負矣。

將聽吾計，用之必勝，留之；將不聽吾計，用之必敗，去之。計利以聽，乃為之勢，以佐其外。勢者，因利而制權也。兵者，詭道也。故能而示之不能，用而示之不用，近而示之遠，遠而示之近。利而誘之，亂而取之，實而備之，強而避之，怒而撓之，卑而驕之，佚而勞之，親而離之。攻其無備，出其不意。此兵家之勝，不可先傳也。

夫未戰而廟算勝者，得算多也；未戰而廟算不勝者，得算少也。多算勝，少算不勝，而況於無算乎？吾以此觀之，勝負見矣。

作戰第二

孫子曰：凡用兵之法，馳車千駟，革車千乘，帶甲十萬，千里饋糧，則內外之費，賓客之用，膠漆之材，車甲之奉，日費千金，然後十萬之師舉矣。其用戰也貴勝，久則鈍兵挫锐，攻城則力屈，久暴師則國用不足。夫鈍兵挫锐，屈力殫貨，則諸侯乘其弊而起，雖有智者，不能善其後矣。故兵聞拙速，未睹巧之久也。夫兵久而國利者，未之有也。故不盡知用兵之害者，則不能盡知用兵之利也。

善用兵者，役不再籍，糧不三載；取用於國，因糧於敵，故軍食可足也。

國之貧於師者遠輸，遠輸則百姓貧；近於師者貴賣，貴賣則百性財竭，財竭則急於丘役。力屈財殫，中原內虛於家。百姓之費，十去其七；公家之費，破車罷馬，甲胄矢弩，戟楯蔽櫓，丘牛大車，十去其六。

故智將務食於敵，食敵一鍾，當吾二十鍾；萁稈一石，當吾二十石。

故殺敵者，怒也；取敵之利者，貨也。故車戰，得車十乘以上，賞其先得者，而更其旌旗。車雜而乘之，卒善而養之，是謂勝敵而益強。

故兵貴勝，不貴久。故知兵之將，生民之司命，國家安危之主也。

謀攻第三

孫子曰：凡用兵之法，全國為上，破國次之；全軍為上，破軍次之；全旅為上，破旅次之；全卒為上，破卒次之；全伍為上，破伍次之。是故百戰百勝，非善之善者也；不戰而屈人之兵，善之善者也。

故上兵伐謀，其次伐交，其次伐兵，其下攻城。攻城之法，為不得已。修櫓轒轀，具器械，三月而後成；距闉，又三月而後已。將不勝其忿，而蟻附之，殺士三分之一，而城不拔者，此攻之災也。

故善用兵者，屈人之兵而非戰也，拔人之城而非攻也，毀人之國而非久也，必以全爭於天下，故兵不頓而利可全，此謀攻之法也。

故用兵之法，十則圍之，五則攻之，倍則分之，敵則能戰之，少則能守之，不若則能避之。故小敵之堅，大敵之擒也。

夫將者，國之輔也。輔周則國必強，輔隙則國必弱。

故君之所以患於軍者三：不知軍之不可以進，而謂之進，不知軍之不可以退，而謂之退，是為縻軍；不知三軍之事，而同三軍之政，則軍士惑矣；不知三軍之權，而同三軍之任，則軍士疑矣。三軍既惑且疑，則諸侯之難至矣，是謂亂軍引勝。

故知勝有五：知可以戰與不可以戰者勝，識衆寡之用者勝，上下同欲者勝，以虞待不虞者勝，將能而君不御者勝。此五者，知勝之道也。

故曰：知彼知己，百戰不殆；不知彼而知己，一勝一負；不知彼不知己，每戰必殆。

軍形第四

孫子曰：昔之善戰者，先為不可勝，以待敵之可勝。不可勝在己，可勝在敵。故善戰者，能為不可勝，不能使敵之必可勝。故曰：勝可知，而不可為。

不可勝者，守也；可勝者，攻也。守則有餘，攻則不足。善守者，藏於九地之下；善攻者，動於九天之上，故能自保而全勝也。

見勝不過衆人之所知，非善之善者也；戰勝而天下曰善，非善之善者也。故舉秋毫不為多力，見日月不為明目，聞雷霆不為聰耳。

古之所謂善戰者，勝於易勝者也。故善戰者之勝也，無智名，無勇功。故其戰勝不忒。不忒者，其所措必勝，勝已敗者也。故善戰者，立於不敗之地，而不失敵之敗也。是故勝兵先勝而後求戰，敗兵先戰而後求勝。善用兵者，修道而保法，故能為勝敗之政。

兵法：一曰度，二曰量，三曰數，四曰稱，五曰勝。地生度，度生量，量生數，數生稱，稱生勝。故勝兵若以鎰稱銖，敗兵若以銖稱鎰。勝者之戰民也，若決積水於千仞之溪者，形也。

兵勢第五

孫子曰：凡治衆如治寡，分數是也；鬥衆如鬥寡，形名是也；三軍之衆，可使必受敵而無敗者，奇正是也；兵之所加，如以碫投卵者，虛實是也。

凡戰者，以正合，以奇勝。故善出奇者，無窮如天地，不竭如江海。終而復始，日月是也。死而復生，四時是也。聲不過五，五聲之變，不可勝聽也；色不過五，五色之變，不可勝觀也；味不過五，五味之變，不可勝嘗也；戰勢不過奇正，奇正之變，不可勝窮也。奇正相生，如循環之無端，孰能窮之哉？

激水之疾，至於漂石者，勢也；鷙鳥之疾，至於毀折者，節也。是故善戰者，其勢險，其節短。勢如彍弩，節如發機。

紛紛紜紜，鬥亂而不可亂也；渾渾沌沌，形圓而不可敗也。亂生於治，怯生於勇，弱生於強。治亂，數也；勇怯，勢也；強弱，形也。

故善動敵者，形之，敵必從之；予之，敵必取之。以利動之，以實待之。

故善戰者，求之於勢，不責於人，故能擇人而任勢。任勢者，其戰人也，如轉木石。木石之性，安則靜，危則動，方則止，圓則行。故善戰人之勢，如轉圓石於千仞之山者，勢也。

虛實第六

孫子曰：凡先處戰地而待敵者佚，後處戰地而趨戰者勞。故善戰者，致人而不致於人。

能使敵自至者，利之也；能使敵不得至者，害之也。故敵佚能勞之，飽能饑之，安能動之。出其所不趨，趨其所不意。

行千里而不勞者，行於無人之地也。攻而必取者，攻其所不守也；守而必固者，守其所不攻也。故善攻者，敵不知其所守；善守者，敵不知其所攻。微乎微乎，至於無形；神乎神乎，至於無聲，故能為敵之司命。

進而不可禦者，沖其虛也；退而不可追者，速而不可及也。故我欲戰，敵雖高壘深溝，不得不與我戰者，攻其所必救也；我不欲戰，雖畫地而守之，敵不得與我戰者，乖其所之也。

故形人而我無形，則我專而敵分。我專為一，敵分為十，是以十攻其一也，則我衆而敵寡。能以衆擊寡者，則吾之所與戰者，約矣。吾所與戰之地不可知，不可知，則敵所備者多，敵所備者多，則吾之所與戰者寡矣。故備前則後寡，備後則前寡，備左則右寡，備右則左寡，無所不備，則無所不寡。寡者，備人者也；衆者，使人備己者也。

故知戰之地，知戰之日，則可千里而會戰；不知戰之地，不知戰之日，則左不能救右，右不能救左，前不能救後，後不能救前，而況遠者數十里，近者數里乎！以吾度之，越人之兵雖多，亦奚益於勝哉！故曰：勝可擅也，敵雖衆，可使無鬥。

故策之而知得失之計，作之而知動靜之理，形之而知死生之地，角之而知有餘不足之處。故形兵之極，至於無形。無形，則深間不能窺，智者不能謀。因形而措勝於衆，衆不能知。人皆知我所以勝之形，而莫知吾所以制勝之形。故其戰勝不復，而應形於無窮。

夫兵形象水，水之行，避高而趨下；兵之勝，避實而擊虛。水因地而制行，兵因敵而制勝。故兵無成勢，無恒形，能因敵變化而取勝者，謂之神。故五行無常勝，四時無常位，日有短長，月有死生。

軍爭第七

孫子曰：凡用兵之法，將受命於君，合軍聚衆，交和而舍，莫難於軍爭。軍爭之難者，以迂為直，以患為利。故迂其途，而誘之以利，後人發，先人至，此知迂直之計者也。

故軍爭為利，軍爭為危。舉軍而爭利，則不及;委軍而爭利，則輜重捐。是故卷甲而趨，日夜不處，倍道兼行，百里而爭利，則擒三將軍，勁者先，疲者後，其法十一而至；五十里而爭利，則蹶上軍將，其法半至；三十里而爭利，則三分之二至。是故軍無輜重則亡，無糧食則亡，無委積則亡。故不知諸侯之謀者，不能豫交；不知山林、險阻、沮澤之形者，不能行軍；不用**鄉**導者，不能得地利。

故兵以詐立，以利動，以分合為變者也。故其疾如風，其徐如林，侵掠如火，不動如山，難知如陰，動如雷霆。掠**鄉**分衆，廓地分利，懸權而動。先知迂直之計者勝，此軍爭之法也。

《軍政》曰：「言不相聞，故為金鼓；視不相見，故為旌旗。」夫金鼓旌旗者，所以一民之耳目也。民既專一，則勇者不得獨進，怯者不得獨退，此用衆之法也。故夜戰多金鼓，晝戰多旌旗，所以變人之耳目也。

故三軍可奪氣，將軍可奪心。是故朝氣鋭，晝氣惰，暮氣歸。故善用兵者，避其鋭氣，擊其惰歸，此治氣者也。以治待亂，以靜待嘩，此治心者也。以近待遠，以佚待勞，以飽待饑，此治力者也。無邀正正之旗，無擊堂堂之陣，此治變者也。

故用兵之法，高陵勿向，背丘勿逆，佯北勿從，鋭卒勿攻，餌兵勿食，歸師勿遏，圍師必闕，窮寇勿迫，此用兵之法也。

九變第八

孫子曰：凡用兵之法，將受命於君，合軍聚眾。圮地無舍，衢地合交，絕地無留，圍地則謀，死地則戰。途有所不由，軍有所不擊，城有所不攻，地有所不爭，君命有所不受。故將通於九變之利者，知用兵矣；將不通於九變之利，雖知地形，不能得地之利矣；治兵不知九變之術，雖知地利，不能得人之用矣。

是故智者之慮，必雜於利害，雜於利而務可信也，雜於害而患可解也。是故屈諸侯者以害，役諸侯者以業，趨諸侯者以利。

故用兵之法，無恃其不來，恃吾有以待之；無恃其不攻，恃吾有所不可攻也。

故將有五危：必死，可殺也;必生，可虜也;忿速，可侮也;廉潔，可辱也;愛民，可煩也。凡此五危，將之過也，用兵之災也。覆軍殺將，必以五危，不可不察也。

行軍第九

孫子曰：凡處軍相敵，絕山依谷，視生處高，戰隆無登，此處山之軍也。絕水必遠水，客絕水而來，勿迎于水內，令半濟而擊之，利；欲戰者，無附于水而迎客，視生處高，無迎水流，此處水上之軍也。絕斥澤，惟亟去無留，若交軍於斥澤之中，必依水草，而背衆樹，此處斥澤之軍也。平陸處易，而右背高，前死後生，此處平陸之軍也。凡此四軍之利，黃帝之所以勝四帝也。

凡軍好高而惡下，貴陽而賤陰，養生而處實，軍無百疾，是謂必勝。丘陵堤防，必處其陽，而右背之，此兵之利，地之助也。上雨，水沫至，欲涉者，待其定也。

凡地有絕澗，遇天井、天牢、天羅、天陷、天隙，必亟去之，勿近也。吾遠之，敵近之；吾迎之，敵背之。軍旁有險阻、潢井、葭葦、林木、蘙薈者，必謹覆索之，此伏奸之所處也。

敵近而靜者，恃其險也；遠而挑戰者，欲人之進也；其所居易者，利也；衆樹動者，來也；衆草多障者，疑也；鳥起者，伏也；獸駭者，覆也；塵高而銳者，車來也；卑而廣者，徒來也；散而條達者，樵采也；少而往來者，營軍也；辭卑而益備者，進也；辭強而進驅者，退也；

輕車先出，居其側者，陣也；無約而請和者，謀也；奔走而陳兵者，期也；半進半退者，誘也；仗而立者，饑也；汲而先飲者，渴也；見利而不進者，勞也；鳥集者，虛也；夜呼者，恐也；軍擾者，將不重也；旌旗動者，亂也；吏怒者，倦也；粟馬肉食，軍無懸瓶，而不返其舍者，窮寇也；諄諄翕翕，徐與人言者，失衆也；數賞者，窘也；數罰者，困也；先暴而後畏其衆者，不精之至也；來委謝者，欲休息也。兵怒而相迎，久而不合，又不相去，必謹察之。

兵非貴益多，惟無武進，足以併力、料敵、取人而已。夫惟無慮而易敵者，必擒於人。

卒未親附而罰之，則不服，不服則難用也。卒已親附而罰不行，則不可用也。故合之以文，齊之以武，是謂必取。令素行以教其民，則民服；令素不行以教其民，則民不服。令素行者，與衆相得也。

地形第十

孫子曰：地形有通者、有掛者、有支者、有隘者、有險者、有遠者。我可以往，彼可以來，曰通。通形者，先居高陽，利糧道，以戰則利。可以往，難以返，曰掛。掛形者，敵無備，出而勝之，敵若有備，出而不勝，難以返，不利。我出而不利，彼出而不利，曰支。支形者，敵雖利我，我無出也，引而去之，令敵半出而擊之，利。隘形者，我先居之，必盈之以待敵。若敵先居之，盈而勿從，不盈而從之。險形者，我先居之，必居高陽以待敵；若敵先居之，引而去之，勿從也。遠形者，勢均，難以挑戰，戰而不利。凡此六者，地之道也，將之至任，不可不察也。

故兵有走者、有弛者、有陷者、有崩者、有亂者、有北者。凡此六者，非天之災，將之過也。夫勢均，以一擊十，曰走；卒强吏弱，曰弛；吏强卒弱，曰陷；大吏怒而不服，遇敵懟而自戰，將不知其能，曰崩；將弱不嚴，教道不明，吏卒無常，陳兵縱橫，曰亂；將不能料敵，以少合衆，以弱擊強，兵無選鋒，曰北。凡此六者，敗之道也，將之至任，不可不察也。

夫地形者，兵之助也。料敵制勝，計險厄遠近，上將之道也。知此而用戰者必勝，不知此而用戰者必敗。故戰道必勝，主曰無戰，必戰可也；戰道不勝，主曰必戰，無戰可也。故進不求名，退不避罪，唯民是保，而利合於主，國之寶也。

視卒如嬰兒，故可以與之赴深溪；視卒如愛子，故可與之俱死。厚而不能使，愛而不能令，亂而不能治，譬若驕子，不可用也。

知吾卒之可以擊，而不知敵之不可擊，勝之半也；知敵之可擊，而不知吾卒之不可以擊，勝之半也；知敵之可擊，知吾卒之可以擊，而不知地形之不可以戰，勝之半也。故知兵者，動而不迷，舉而不窮。故曰：知彼知己，勝乃不殆；知天知地，勝乃可全。

九地第十一

孫子曰：凡用兵之法，有散地，有輕地，有爭地，有交地，有衢地，有重地，有圮地，有圍地，有死地。諸侯自戰其地者，為散地；入人之地而不深者，為輕地；我得則利，彼得亦利者，為爭地；我可以往，彼可以來者，為交地；諸侯之地三屬，先至而得天下之衆者，為衢地；入人之地深，背城邑多者，為重地；山林、險阻、沮澤，凡難行之道者，為圮地；所由入者隘，所從歸者迂，彼寡可以擊吾之衆者，為圍地；疾戰則存，不疾戰則亡者，為死地。是故散地則無戰，輕地則無止，爭地則無攻，交地則無絕，衢地則合交，重地則掠，圮地則行，圍地則謀，死地則戰。

所謂古之善用兵者，能使敵人前後不相及，衆寡不相恃，貴賤不相救，上下不相收，卒離而不集，兵合而不齊。合於利而動，不合於利而止。敢問：「敵衆整而將來，待之若何？」曰：「先奪其所愛，則聽矣。」故兵之情主速，乘人之不及，由不虞之道，攻其所不戒也。

凡為客之道，深入則專，主人不克。掠于饒野，三軍足食。謹養而勿勞，併氣積力，運兵計謀，為不可測。投之無所往，死且不北。死焉不得，士人盡力。兵士甚陷則不懼，無所往則固，深入則拘，不得已則鬥。是故其兵不修而戒，不求而得，不約而親，不令而信。禁祥去疑，至死無所之。吾士無餘財，非惡貨也；無餘命，非惡壽也。令發之日，士卒坐者涕沾襟，偃臥者淚交頤。投之無所往者，則諸、劌之勇也。

故善用兵者，譬如率然。率然者，常山之蛇也。擊其首則尾至，擊其尾則首至，擊其中則首尾俱至。敢問：「兵可使如率然乎？」曰：「可。夫吳人與越人相惡也，當其同舟而濟。遇風，其相救也，如左右手。」是故方馬埋輪，未足恃也；齊勇如一，政之道也；剛柔皆得，地之理也。故善用兵者，攜手若使一人，不得已也。

將軍之事，靜以幽，正以治。能愚士卒之耳目，使之無知；易其事，革其謀，使人無識；易其居，迂其途，使人不得慮。帥與之期，如登高而去其梯；帥與之深入諸侯之地，而發其機，焚舟破釜，若驅群羊。驅而往，驅而來，莫知所之。聚三軍之衆，投之於險，此謂將軍之事也。九地之變，屈伸之利，人情之理，不可不察也。

凡為客之道，深則專，淺則散。去國越境而師者，絕地也；四達者，衢地也；入深者，重地也；入淺者，輕地也；背固前隘者，圍地也；無所往者，死地也。是故散地，吾將一其志；輕地，吾將使之屬；爭地，吾將趨其後；交地，吾將謹其守；衢地，吾將固其結；重地，吾將繼其食；圮地，吾將進其途；圍地，吾將塞其闕；死地，吾將示之以不活。故兵之情：圍則禦，不得已則鬥，過則從。

是故不知諸侯之謀者，不能豫交；不知山林、險阻、沮澤之形者，不能行軍；不用鄉導者，不能得地利。四五者，不知一，非霸王之兵也。夫霸王之兵，伐大國，則其衆不得聚；威加於敵，則其交不得合。是故不爭天下之交，不養天下之權，信己之私，威加於敵，則其城可拔，其國可隳。施無法之賞，懸無政之令。犯三軍之衆，若使一人。犯之以事，勿告以言；犯之以利，勿告以害。投之亡地然後存，陷之死地然後生。夫衆陷於害，然後能為勝敗。故為兵之事，在於佯順敵之意，併敵一向，千里殺將，是謂巧能成事者也。

是故政舉之日，夷關折符，無通其使；厲於廊廟之上，以誅其事。敵人開闔，必亟入之，先其所愛，微與之期，踐墨隨敵，以決戰事。是故始如處女，敵人開戶；後如脫兔，敵不及拒。

火攻第十二

孫子曰：凡火攻有五：一曰火人，二曰火積，三曰火輜，四曰火庫，五曰火隊。行火必有因，烟火必素具。發火有時，起火有日。時者，天之燥也。日者，月在箕、壁、翼、軫也。凡此四宿者，風起之日也。

凡火攻，必因五火之變而應之：火發於內，則早應之於外；火發而其兵靜者，待而勿攻，極其火力，可從而從之，不可從則止。火可發於外，無待於內，以時發之，火發上風，無攻下風。晝風久，夜風止。凡軍必知有五火之變，以數守之。故以火佐攻者明，以水佐攻者強。水可以絕，不可以奪。

夫戰勝攻取，而不修其功者凶，命曰「費留」。故曰：明主慮之，良將修之，非利不動，非得不用，非危不戰。主不可以怒而興師，將不可以慍而致戰。合於利而動，不合於利而止。怒可以復喜，慍可以復悅，亡國不可以復存，死者不可以復生。故明主慎之，良將警之，此安國全軍之道也。

用間第十三

孫子曰：凡興師十萬，出征千里，百姓之費，公家之奉，日費千金，內外騷動，怠于道路，不得操事者，七十萬家。相守數年，以爭一日之勝，而愛爵祿百金，不知敵之情者，不仁之至也，非人之將也，非主之佐也，非勝之主也。故明君賢將，所以動而勝人，成功出於眾者，先知也。先知者，不可取於鬼神，不可象於事，不可驗於度，必取於人，知敵之情者也。

故用間有五：有**鄉**間，有內間，有反間，有死間，有生間。五間俱起，莫知其道，是謂「神紀」，人君之寶也。**鄉**間者，因其**鄉**人而用之；內間者，因其官人而用之；反間者，因其敵間而用之；死間者，為誑事於外，令吾間知之，而傳於敵間也；生間者，反報也。

故三軍之事，莫親於間，賞莫厚於間，事莫密於間，非聖智不能用間，非仁義不能使間，非微妙不能得間之實。微哉！微哉！無所不用間也。間事未發而先聞者，間與所告者皆死。

凡軍之所欲擊，城之所欲攻，人之所欲殺，必先知其守將、左右、謁者、門者、舍人之姓名，令吾間必索知之。必索敵人之間來間我者，因而利之，導而舍之，故反間可得而用也；因是而知之，故鄉間、內間可得而使也；因是而知之，故死間為誑事，可使告敵；因是而知之，故生間可使如期。五間之事，主必知之，知之必在於反間，故反間不可不厚也。

昔殷之興也，伊摯在夏；周之興也，呂牙在殷。故明君賢將，能以上智為間者，必成大功。此兵之要，三軍之所恃而動也。

答話

「吳王謂子胥、孫武曰：『始子言郢不可入，今果何如？』二將曰：『夫戰，借勝以成其威，非常勝之道。』吳王曰：『何謂也？』二將曰：『楚之為兵，天下彊敵也。今臣與之爭鋒，十亡一存，而王入郢者，天也，臣不敢必。』吳王曰：『吾欲復擊楚，奈何而有功？』伍胥、孫武曰：『囊瓦者，貪而多過於諸侯，而唐、蔡怨之。王必伐，得唐、蔡。』」

吳王問孫武曰：「散地士卒顧家，不可與戰，則必固守不出。若敵攻我小城，掠吾田野，禁吾樵採，塞吾要道，待吾空虛而急來攻，則如之何？」武曰：「敵人深入吾都，多背城邑，士卒以軍為家，專志輕鬥。吾兵在國，安土懷生，以陣則不堅，以鬥則不勝，當集人合衆，聚穀蓄帛，保城備險，遣輕兵絶其糧道，彼挑戰不得，轉輸不至，野無所掠，三軍困餒，因而誘之，可以有功。若與野戰，則必因勢，依險設伏，無險則隱於天氣陰晦昏霧，出其不意，襲擊懈怠，可以有功。」

吳王問孫武曰：「吾至輕地，始入敵境，士卒思還，難進易退，未背險阻，三軍恐懼，大將欲進，士卒欲退，上下異心，敵守其城壘，整其車騎，或當吾前，或擊吾後，則如之何？」武曰：「軍至輕地，士卒未專，以入為務。無以戰為故，無近其名城，無由其通路，設疑徉惑，示若將去，乃選驍騎，銜枚先入，掠其牛馬六畜。三軍見得，進乃不懼。分吾良卒，密有所伏。敵人若來，擊之勿疑。若其不至，舍之而去。」

吳王問孫武曰：「爭地，敵先至，據要保利，簡兵練卒，或出或守，以備我奇，則如之何？」武曰：「爭地之法，讓之者得，爭之者失。敵得其處，慎勿攻之。引而佯走，建旗鳴鼓，趨其所愛，曳柴揚塵，惑其耳目。分吾良卒，密有所伏，敵必出救。人慾我與，人棄吾取。此爭先之道。若我先至而敵用此術，則選吾銳卒，固守其所，輕兵追之，分伏險阻。敵人還鬥，伏兵旁起，此全勝之道也。」

吳王問孫武曰：「交地，吾將絕敵，令不得來，必全吾邊城，修其所備，深絕通道，固其隘塞。若不先圖，敵人已備，彼可得來，而吾不可往，為寡又均，則如之何？」武曰：「既我不可以往彼可以來，吾分卒匿之，守而易怠，示其不能，敵人且至，設伏隱廬，出其不意，可以有功也。」

吳王問孫武曰：「衢地必先，吾道遠，發後，雖馳車驟馬，至不能先，則如之何？」武曰：「諸侯參屬，其道四通，我與敵相當，而傍有國。所謂先者，必重幣輕使，約和傍國，交親結恩，兵雖後至，為以屬矣。簡兵練卒，阻利而處，親吾軍事，實吾資糧，令吾車騎出入膽候。

我有衆助，彼失其黨，諸國犄角，震鼓齊攻，敵人驚恐，莫知所當。」

吳王問孫武曰：「吾引兵深入重地，多所逾越，糧道絶塞，設欲歸還，勢不可過，欲食於敵，持兵不失，則如之何？」武曰：「凡居重地，士卒輕勇，轉輸不通，則掠以繼食。下得粟帛，皆貢於上，多者有賞，士無歸意。若欲還出，切實戒備，深溝高壘，示敵且久，敵疑通途，私除要害之道，乃令輕車銜枚而行，塵埃氣揚，以牛馬為餌。敵人若出，鳴鼓隨之，陰伏吾士，與之中期。內外相應，其敗可知。」

吳王問孫武曰：「吾入圮地，山川險阻，難從之道，行久卒勞，敵在吾前，而伏吾後，營居吾左，而守吾右，良車驍騎，要吾隘道，則如之何？」武曰：「先進輕車，去軍十裏，與敵相候。接期險阻，或分而左，或分而右，大將四觀，擇空而取，皆會中道，倦而乃止。」吳王問孫武曰：「吾入圍地，前有強敵，後有險難，敵絶糧道，利我走勢，敵鼓噪不進，以觀吾能，則如之何？」武曰：「圍地之宜，必塞其闕，示無所往，則以軍？家，萬人同心。三軍齊力，並炊數日，無見火煙，故？毀亂寡弱之形，敵人見我，備之必輕。告勵士卒，令其奮怒。陣伏良卒，左右險阻，擊鼓而出，敵人若當，疾擊務突，前鬥後拓，左右犄角。」

又問曰：「敵在吾圍，伏而深謀，示我以利，縈我以旗，紛紛若亂，不知所之，奈何？」武曰：「千人操旌，分塞要道，輕兵進挑，陣而勿搏，交而勿去，此敗謀之法。」

又曰：「軍入敵境，敵人固壘不戰，士卒思歸，欲退且難，謂之輕地。當選驍騎伏要路，我退敵追，來則擊之也。」

吳王問孫武曰：「吾師出境，軍於敵人之地，敵人大至，圍我數重。欲突以出，四塞不通，欲勵士勵衆，使之投命潰圍，則如之何？」武曰：「深溝高壘，示衆守備，安靜勿動，以隱吾能，告令三軍，示不得已，殺牛燔車，以饗吾士，燒盡糧食，填夷井實，割發捐冠，絶去生慮，將無餘謀，士有死志，於是砥甲礪刃，並氣一力，或攻兩勞，震鼓疾噪，敵人亦懼，莫知所當，銳卒分兵，疾攻其後，此是失道而求生。故曰：困而不謀者窮，窮而不戰者亡。」吳王曰：「若我圍敵，則如之何？」武曰：「山峻谷險，難以逾越，謂之窮寇。擊之之法，伏卒隱廬，開其去道，示其走路，求生逃出，必無鬥志。因而擊之，雖衆必破。《兵法》又曰：若敵人在死地，士卒勇氣，欲擊之法，順而勿抗，陰守其利，絶其糧道，恐有奇隱而不睹，使吾弓弩俱守其所。」按：何氏引此文，亦云「兵法曰」，則知問答之詞亦在八十二篇之內也。

吳王問孫武曰：「敵勇不懼，驕而無慮，兵衆而強，圖之奈何？」武曰：「詘而待之，以順其意，令無省覺，以益其懈怠。因敵遷移，潛伏候待，前行不瞻，後往不顧，中而擊之，雖衆可取。攻驕之道，不可爭鋒。」

吳王問孫武曰：「敵人保據山險，擅利而處之，糧食又足，挑之則不出，乘間則侵掠，為之奈何？」武曰：「分兵守要，謹備勿懈；潛探其情，密候其怠；以利誘之，禁其樵採。久無所得，自然變改；待離其固，奪其所愛。敵據險隘，我能破之也。」

孫子曰：「將者：智也，仁也，敬也，信也，勇也，嚴也。」是故智以折敵，仁以附衆，敬以招賢，信以必賞，勇以益氣，嚴以一令。故折敵，則能合變；衆附，則思力戰；賢智集，則陰謀利；賞罰必，則士盡力；氣勇益，則兵威令自倍；威令一，則惟將所使。

《孫子占》曰：「三軍將行，其旌旗從容以向前，是為天送，必亟擊之，得其大將。三軍將行，其旌旗埶然音店若雨，是為天霑，其帥失。三軍將行，旌旗亂於上，東西南北無所主方，其軍不還。三軍將陣，雨師，是為浴師，勿用陣戰。三軍將戰，有云其上而赤，勿用陣，先陣戰者，莫復其迹。三軍方行，大風飄起於軍前，右周絶軍，其將亡；右周中，其師得糧。」

又按：《北堂書鈔》引《孫子兵法》云：「貴之而無驕，委之而不專，扶之而無隱，危之而不懼。故良將之動心，猶璧玉之不可污也。」《太平御覽》以為出諸葛亮《兵要》。又引《孫子兵法祕要》云：「良將思計如飢，所以戰必勝，攻必克也。」按：《兵法祕要》，孫子無其書。魏武有《兵法接要》一卷，或亦名為《孫子兵法接要》，猶魏武所作《兵法》，亦名為《續孫子兵法》也。

《北堂書鈔》又引《孫子兵法論》云：「非文無以平治，非武無以治亂。善用兵者，有三畧焉：上畧伐智，中畧伐義，下畧伐勢。」按：此亦不似孫武語，蓋後世兵多祖孫武，故作《兵法論》，即名為《孫子兵法論》也。附識於此，以備考。

三十六計

總說

六六三十六，數中有術，術中有數。陰陽燮理，機在其空，機不可設，設則不中。

【按語】解語重數不重理，蓋理，術語自明；而數，則在言外，若徒知術之為術，而不知術中有數，則術多不應，且詭謀權術，原在事理之中，人情之內。徜事出不經，則詭異立見，詫世惑俗，而機謀洩矣。或曰：三十六計中，每六計成一套，第一套為勝戰計，第二套為敵戰計，第三套為攻戰計，第四套為混戰計，第五套為並戰計，第六套為敗戰計。

第一計·瞞天過海

備周則意怠；常見則不疑。陰在陽之內，不在陽之對。太陽，太陰。

【按語】陰謀作為，不能背於秘處行之。夜半行竊，僻巷殺人，愚俗之行，非謀士之所為也。

第二計·圍魏救趙

共敵不如分敵，敵陽不如敵陰。

【按語】治兵如治水，銳者避其鋒，如導疏；弱者塞其虛，如築堰。故當齊救趙時，孫子謂田忌曰：「夫解雜亂糾紛者不控拳，救鬥者，不搏擊，批亢搗虛，形格勢禁，則自為解耳。」

第三計·借刀殺人

敵已明，友未定，引友殺敵，不自出力，以損推演。

【按語】敵象已露，而另一勢力更張，將有所為，便應借此力以毀敵人。如：鄭桓公將欲襲鄶，先向鄶之豪傑、良臣、辨智、果敢之士，盡書姓名，擇鄶之良田賂之，為官爵之名而書之，因為設壇場郭門之處而埋之，衅之以雞豭，若盟狀。鄶君以為內難也，而盡殺其良臣。桓公襲鄶，遂取之。諸葛亮之和吳拒魏，及關羽圍樊、襄，曹欲徙都，懿及蔣濟說曹曰：「劉備、孫權外親內疏，關羽得志，權心不願也。可遣人躡其後，許割江南以封權，則樊圍自釋。」曹從之，羽遂見擒。

第四計·以逸待勞

困敵之勢，不以戰；損剛益柔。

【按語】此即致敵之法也。兵書云：「凡先處戰地而待敵者佚，後處戰地而趨戰者勞。故善戰者，致人而不致於人。」兵書論敵，此為論勢，則其旨非擇地以待敵，而在以簡馭繁，以不變應變，以小變應大變，以不動應動，以小動應大動，以樞應環也。管仲寓軍令於內政，實而備之；孫臏於馬陵道伏擊龐涓；李牧守雁門，久而不戰，而實備之，戰而大破匈奴。

第五計·趁火打劫

敵之害大，就勢取利，剛決柔也。

【按語】敵害在內，則劫其地；敵害在外，則劫其民；內外交害，則劫其國。如：越王乘吳國內蟹稻不遺種而謀攻之，後卒乘吳北會諸侯於黃池之際，國內空虛，因而搗之，大獲全勝。

第六計·聲東擊西

敵志亂萃，不虞，坤下兌上之象。利其不自主而取之。

【按語】西漢，七國反，周亞夫堅壁不戰。吳兵奔壁之東南陬，亞夫便備西北；已而吳王精兵果攻西北，遂不得入。此敵志不亂，能自主也。漢末，朱雋圍黃巾於宛，張圍結壘，起土山以臨城內，鳴鼓攻其西南，黃巾悉眾赴之；雋自將精兵五千，掩其東北，遂乘虛而入。此敵志亂萃，不虞也。然則聲東擊西之策，須視敵志亂否為定。亂，則勝；不亂，將自取敗亡，險策也。

第 七 計·無中生有

誑也，非誑也，實其所誑也。少陰、太陰、太陽。

【按語】無而示有，誑也。誑不可久而易覺，故無不可以終無。無中生有，則由誑而真，由虛而實矣，無不可以敗敵，生有則敗敵矣，如：令狐潮圍雍丘，張巡縛嵩為人千餘，披黑夜，夜縋城下，潮兵爭射之，得箭數十萬。其後復夜縋人，潮兵笑，不設備，乃以死士五百砍潮營，焚壘幕，追奔十餘里。

第 八 計·暗渡陳倉

示之以動，利其靜而有主，益動而巽。

【按語】奇出於正，無正不能出奇。不明修棧道，則不能暗渡陳倉。昔鄧艾屯白水之北；姜維遙廖化屯白水之南，而結營焉。艾謂諸將日：「維令卒還，吾軍少，法當來渡，而不作橋，此維使化持我.令不得還。必自東襲取洮城矣。」艾即夜潛軍，徑到洮城。維果來渡。而艾先至，據城，得以不破。此則是姜維不善用暗渡陳倉之計；而鄧艾察知其聲東擊西之謀也。

第九計·隔岸觀火

陽乖序亂，陰以待逆。暴戾恣睢，其勢自斃。順以動豫，豫順以動。

【按語】乖氣浮張，逼則受擊，退則遠之，則亂自起。昔袁尚、袁熙奔遼東，眾尚有數千騎。初，遼東太守公孫康，恃遠不服。及曹操破烏丸，或說曹遂征之，尚兄弟可擒也。操曰：「吾方使斬送尚、熙首來，不煩兵矣。」九月，操引兵自柳城還，康即斬尚、熙，傳其首。諸將問其故，澡日：「彼素畏尚等，吾急之，則並力；緩之，則相圖，其勢然也。」或曰：此兵書火攻之道也，按兵書《火攻篇》前段言火攻之法，後段言慎動之理，與隔岸觀火之意，亦相吻合。

第十計·笑里藏刀

信而安之，陰以圖之，備而後動，勿使有變。剛中柔外也。

【按語】兵書云：「辭卑而益備者，進也；……無約而請和者，謀也。」故凡敵人之巧言令色，皆殺機之外露也。宋曹瑋知渭州，號令明肅，西夏人憚之。一日瑋方對客奕棋，會有叛誇數千，亡奔夏境。堠騎（騎馬的探子）報至，諸將相顧失色，公言笑如平時。徐謂騎日：「吾命也，汝勿顯言。」西夏人聞之，以為襲己，盡殺之。此臨機應變之用也。若勾踐之事夫差，則意使其久而安之矣。

第十一計·李代桃僵

勢必有損，損陰以益陽。

【按語】我敵之情，各有長短。戰爭之事，難得全勝，而勝負之訣，即在長短之相較，乃有以短勝長之秘訣。如以下駟敵上駟，以上駟敵中駟，以中駟敵下駟之類：則誠兵家獨具之詭謀，非常理之可測也。

第十二計·順手牽羊

微隙在所必乘；微利在所必得。少陰，少陽。

【按語】大軍動處，其隙甚多，乘間取利，不必以勝。勝固可用，敗亦可用。

第十三計·打草驚蛇

疑以叩實，察而后動；復者，陰之媒也。

【按語】敵力不露，陰謀深沉，未可輕進，應遍揮其鋒。兵書云：「軍旁有險阻、潢井、葭葦、山林、翳薈者，必謹復索之，此伏奸所藏也。」

第十四計·借屍還魂

有用者，不可借；不能用者，求借。借不能用者而用之，匪我求童蒙，童蒙求我。

【按語】換代之際，紛立亡國之後者，固借尸還魂之意也。凡一切寄兵權於人，而代其攻守者，皆此用也。

第十五計·調虎離山

待天以困之，用人以誘之，往蹇來連。

【按語】兵書曰：「下政攻城」。若攻堅，則自取敗亡矣。敵既得地利，則不可爭其地。且敵有主而勢大：有主，則非利不來趨；勢大，則非天人合用，不能勝。漢末，羌率眾數千，遮虞詡於隊倉崤谷。詡即停軍不進，而宣言上書請兵，須到乃發。羌聞之，乃分抄旁縣。翔因其兵散，日夜進道，兼行百餘里，令軍士各作兩灶，日倍增之，羌不敢逼，遂大破之。兵到乃發者，利誘之也；日夜兼進者，用天時以困之也；倍增其灶者，惑之以人事也。

第十六計·欲擒故縱

逼則反兵；走則減勢。緊隨勿迫。累其氣力，消其鬥志，散而后擒，兵不血刃。需，有孚，光。

【按語】所謂縱著，非放之也，隨之，而稍鬆之耳。「窮寇勿追」，亦即此意。蓋不追者，非不隨也，不迫之而已。武侯之七縱七擒，即縱而隨之，故躡輾轉推進，至於不毛之地。武侯之七縱，其意在拓地，在借孟獲以服諸蠻，非兵法也。故論戰，則擒者不可復縱。

第十七計·拋磚引玉

類以誘之，擊蒙也。

【按語】誘敵之法甚多，最妙之法，不在疑似之間，而在類同，以固其惑。以旌旗金鼓誘敵者，疑似也；以老弱糧草誘敵者，則類同也。如：楚伐絞，軍其南門，屈瑕曰：「絞小而輕，輕則寡謀，請勿捍採樵者以誘之。」從之，絞人獲利。明日絞人爭出，驅楚役徙於山中。楚人坐守其北門，而伏諸山下，大敗之，為城下之盟而還。又如孫臏減灶而誘殺龐涓。

第十八計·擒賊擒王

摧其堅，奪其魁，以解其體。龍戰於野，其道窮也。

【按語】攻勝則利不勝取。取小遺大，卒之利、將之累、帥之害、攻之虧也。舍勝而不摧堅擒王，是縱虎歸山也。擒王之法，不可圖辨旌旗，而當察其陣中之首動。昔張巡與尹子奇戰，直衝敵營，至子奇麾下，營中大亂，斬賊將五十餘人，殺士卒五千餘人。巡欲射子奇而不識，剡蒿為矢。中者喜謂巡矢盡，走白子奇，乃得其狀，使霽雲射之，中其左目，幾獲之，子奇乃收軍退還。

第十九計·釜底抽薪

不敵其力，而消其勢，兌下乾上之象。

【按語】水沸者，力也，火之力也，陽中之陽也，銳不可當；薪者，火之魄也，即力之勢也，陰中之陰也，進而無害；故力不可當而勢猶可消。《尉繚子》曰：「氣實則鬥，氣奪則走。」而奪氣之法，則在攻心。昔吳漢為大司馬，有寇夜攻漢營，軍中驚擾，漢堅臥不動，軍中聞漢不動，有傾乃定。乃選精兵反擊，大破之。此即不直當其力而撲消其勢也。宋薛長儒為漢、湖、滑三州通判，駐漢州。州兵數百叛，開營門，謀殺知州、兵馬監押，燒營以為亂。有來告者，知州、監押皆不敢出。長儒挺身徒步，自壞垣入其營中，以福禍語亂卒曰：「汝輩皆有父母妻子，何故作此？叛者立於左，脅從者立於右！」於是，不與謀者數百人立於右；獨主謀者十三人突門而出，散於諸村野，尋捕獲。時謂非長儒，則一城塗炭矣！此即攻心奪氣之用也。或曰：敵與敵對，搗強敵之虛以敗其將成之功也。

第廿計·混水摸魚

乘其陰亂，利其弱而無主。隨，以向晦入宴息。

【按語】動蕩之際，數力衝撞，弱者依違無主，散蔽而不察，我隨而取之。《六韜》曰：「三軍數驚，士卒不齊，相恐以敵強，相語以不利，耳目相屬，妖言不止，眾口相惑，不畏法令，不重其將：此弱征也。」是魚，混戰之際，擇此而取之。如：劉備之得荊州，取西川，皆此計也。

第廿一計·金蟬脫殼

存其形，完其勢；友不疑，敵不動。巽而止，蠱。

【按語】共友擊敵，坐觀其勢。尚另有一敵，則須去而存勢。則金蟬脫殼者，非徒走也，蓋為分身之法也。故大軍轉動，而旌旗金鼓，儼然原陣，使敵不敢動，友不生疑，待己摧他敵而返，而友敵始知，或猶且不知。然則金蟬脫殼者，在對敵之際，而抽精銳以襲別陣也。如：諸葛亮卒於軍，司馬懿追焉，姜維令儀反旗鳴鼓，若向懿者，懿退，於是儀結營而去。檀道濟被圍，乃命軍士悉甲，身自（白）服乘輿徐出外圍，魏懼有伏，不敢逼，乃歸。

第廿二計·關門捉賊

小敵困之。剝，不利有攸往。

【按語】捉賊而必關門，非恐其逸也，恐其逸而為他人所得也；且逸者不可復追，恐其誘也。賊者，奇兵也，游兵也，所以勞我者也。吳子曰：「今使一死賊，伏於曠野，千人追之，莫不梟視狼顧。何者？恐其暴起而害己也。是以一人投命，足懼千夫。」追賊者，賊有脫逃之機，勢必死鬥；若斷其去路，則成擒矣。故小敵必困之，不能，則放之可也。

第廿三計·遠交近攻

形禁勢格，利從近取，害以遠隔。上火下澤。

【按語】混戰之局，縱橫捭闔之中，各自取利。遠不可攻，而可以利相結；近者交之，反使變生肘腋。范睢之謀，為地理之定則，其理甚明。

第廿四計·假道伐虢

兩大之間，敵脅以從，我假以勢。困，有言不信。

【按語】假地用兵之舉，非巧言可誑，必其勢不受一方之脅從，則將受雙方之夾擊。如此境況之際，敵必迫之以威，我則誑之以不害，利其幸存之心，速得全勢，彼將不能自陣，故不戰而滅之矣。如：晉侯假道於虞以伐虢，晉滅虢，虢公丑奔京師，師還，襲虞滅之。

第廿五計·偷樑換柱

頻更其陣，抽其勁旅，待其自敗，而後乘之，曳其輪也。

【按語】陣有縱橫，天衡為樑，地軸為柱。樑柱以精兵為之，故觀其陣，則知精兵之所在。共戰他敵時，頻更其陣，暗中抽換其精兵，或竟代其為樑柱；勢成陣塌，遂兼其兵。並此敵以擊他敵之首策也。

第廿六計·指桑罵槐

大凌小者，警以誘之。剛中而應，行險而順。

【按語】率數未服者以對敵，若策之不行，而利誘之，又反**啟**其疑；於是故為自誤，責他人之失，以暗警之。警之者，反誘之也：此蓋以剛險驅之也。或曰：此遣將之法也。

第廿七計·假痴不顛

寧偽作不知不為，不偽作假知妄為。靜不露機，雲雪屯也。

【按語】假作不知而實知，假作不為而實不可為，或將有所為。司馬懿之假病昏以誅曹爽，受巾幗假請命以老蜀兵，所以成功；姜維九伐中原，明知不可為而妄為之，則似癡矣，所以破滅。兵書曰：「故善戰者之勝也，無智名，無勇功。」當其機未發時，靜屯似癡；若假癲，則不但露機，則亂動而群疑。故假痴者勝，假癲者敗。或曰：假痴可以對敵，並可以用兵。宋代，南俗尚鬼。狄青征儂智高時，大兵始出桂林之南，因佯祝曰：「勝負無以為據。」乃取百錢自持，與神約，果大捷，則投此錢盡錢面也。左右諫止，儻不如意，恐沮軍，青不聽。萬眾方聳視，已而揮手一擲，百錢旨面。於是舉兵歡呼，聲震林野，青亦大喜；顧左右，取百丁（釘）來，即隨錢疏密，布地而帖丁（釘）之，加以青紗籠，手自封焉。曰：「俟凱旋，當酬神取錢。」其後平邕州還師，如言取錢，幕府士大夫共祝視，乃兩面錢也。

第廿八計·上樓抽梯

假之以便，唆之使前，斷其援應，陷之死地。遇毒，位不當也。

【按語】唆者，利使之也。利使之而不先為之便，或猶且不行。故抽梯之局，須先置梯，或示之梯。如：慕容垂、姚萇諸人慫秦苻堅侵晉，以乘機自起。

第廿九計·虛張聲勢

借局布勢，力小勢大。鴻漸於陸，其羽可用為儀也。

【按語】此樹本無花，而樹則可以有花，剪綵貼之，不細察者不易覺，使花與樹交相輝映，而成玲瓏全局也。此蓋布精兵於友軍之陣，完其勢以威敵也。

第卅計·反客為主

乘隙插足，扼其主機，漸之進也。

【按語】為人驅使者為奴，為人尊處者為客，不能立足者為暫客，能立足者為久客，客久而不能主事者為賤客，能主事則可漸握機要，而為主矣。故反客為主之局：第一步須爭客位；第二步須乘隙；第三步須插足；第四足須握機；第五步乃成功。為主，則並人之軍矣；此漸進之陰謀也。如李淵書尊李密，密卒以敗；漢高視勢未敵項羽之先，卑事項羽，使其見信，而漸以侵其勢，至垓下一役，一舉亡之。

第卅一計·美人計

兵強者，攻其將；兵智者，伐其情。將弱兵頹，其勢自萎。利用御寇，順相保也。

【按語】兵強將智，不可以敵，勢必事先。事之以土地，以增其勢，如六國之事秦：策之最下者也。事之以幣帛，以增其富，如宋之事遼金：策之下者也。惟事以美人，以佚其志，以弱其體，以增其下怨。如勾踐以西施重寶取悅夫差，乃可轉敗為勝。

第卅二計·空城計

虛者虛之，疑中生疑；剛柔之際，奇而復奇。

【按語】虛虛實實，兵無常勢。虛而示虛，諸葛而後，不乏其人。如吐蕃陷瓜州，王君煥死，河西惱懼。以張守圭為瓜州刺史，領餘眾，方復築州城。版干裁立，敵又暴至。略無守御之具。城中相顧失色，莫有鬥志。守圭日：「徒眾我寡，又瘡痍之後，不可以矢石相持，須以權道制之。」乃於城上，置酒作樂，以會將士。敵疑城中有備，不敢攻而退。又如齊祖廷為北徐州刺史，至州，會有陳寇，百姓多反。廷不關城門。守陴者，皆令下城，靜座街巷，禁斷行人雞犬。賊無所見聞，不測所以，或疑人走城空，不設警備。廷復令大叫，鼓噪聒天，賊大驚，頓時走散。

第卅三計·反間計

疑中之疑。比之自內，不自失也。

【按語】間者，使敵自相疑忌也；反間者，因敵之間而間之也。如燕昭王薨，惠王自為太子時，不快於樂毅。田單乃縱反間曰：「樂毅與燕王有隙，畏誅，欲連兵王齊，齊人未附。故且緩攻即墨，以待其事。齊人唯恐他將來，即墨殘矣。」惠王聞之，即使騎劫代將，毅遂奔趙。又如周瑜利用曹操間諜，以間其將；陳平以金縱反間於楚軍，間范增，楚王疑而去之。亦疑中之疑之局也。

第卅四計·苦肉計

人不自害，受害必真；假真真假，間以得行。童蒙之吉，順以巽也。

【按語】間者，使敵人相疑也；反間者，因敵人之疑，而實其疑也；苦肉計者，蓋假作自間以間人也。凡遣與己有隙者以誘敵人，約為響應，或約為共力者，皆苦肉計之類也。如：鄭武公伐胡而先以女妻胡君，並戮關其思；韓信下齊而驪生遭烹。

第卅五計·連環計

將多兵衆，不可以敵，使其自累，以殺其勢。在師中吉，承天寵也。

【按語】龐統使曹操戰艦勾連，而後縱火焚之，使不得脫。則連環計者，其結在使敵自累，而後圖之。蓋一計累敵，一計攻敵，兩計扣用，以摧強勢也。如宋畢再遇嘗引敵與戰，且前且卻，至於數四。視日已晚，乃以香料煮黑豆，布地上。復前搏戰，佯敗走。敵乘勝追逐。其馬已饑，聞豆香，乃就食，鞭之不前。遇率師反攻，遂大勝。皆連環之計也。

第卅六計·走為上策

全師避敵。左次無咎，未失常也。

【按語】敵勢全勝，我不能戰，則必降，必和，必走。降則全敗，和則半敗，走則未敗。未敗者，勝之轉機也。如宋畢再遇與金人對壘，度金兵至者日衆，難與爭鋒。一夕拔營去，留旗幟於營，縛生羊懸之，置其前二足於鼓上，羊不堪懸，則足擊鼓有聲。金人不覺為空營，相持數日，乃覺，欲追之，則已遠矣。可謂善走者矣！

Also available from JiaHu Books

詩經 - 9781784350444

易經 – 9781909669383

春秋左氏傳 - 9781909669390

尚書 – 9781909669635

莊子 – 9781784350277

孟子 – 9781784350284

禮記– 9781784350437

感天動地竇娥冤，鄧夫人苦痛哭存孝，溫太真玉鏡臺 - 9781784350543

老殘遊記 - 9781784351205

Truyện Kiều – 9781784350185

www.ingramcontent.com/pod-product-compliance
Lightning Source LLC
Chambersburg PA
CBHW031308060426
42444CB00032B/787
* 9 7 8 1 7 8 4 3 5 1 4 1 0 *